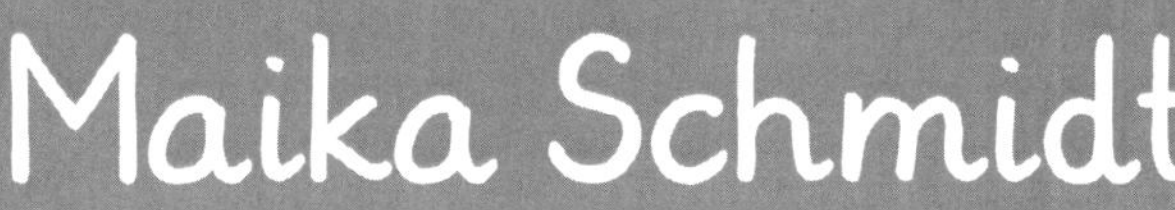

Wir entdecken Südeuropa

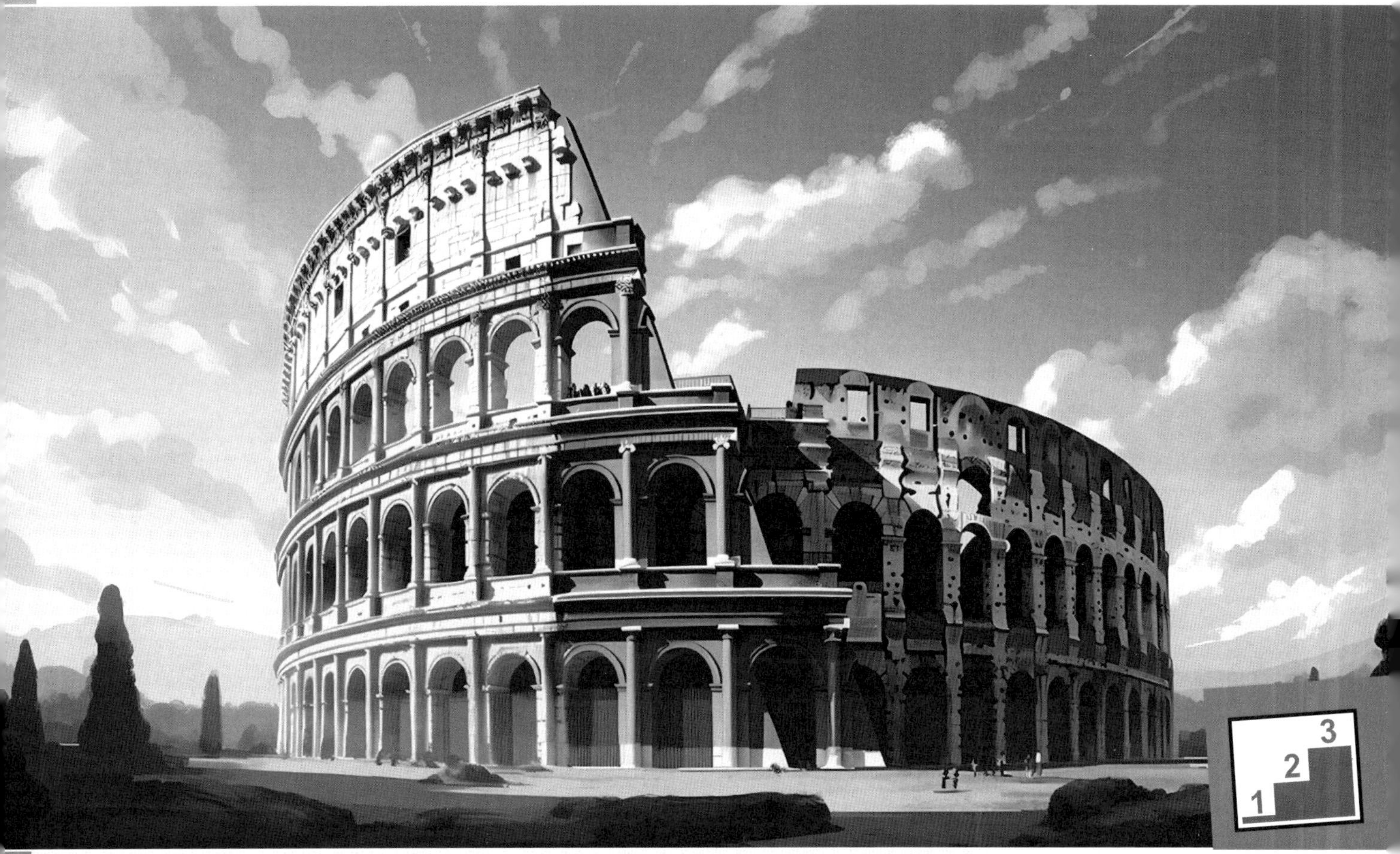

AF567340

1 2 3

Erdkunde

www.kohlverlag.de

Wir entdecken Südeuropa

1. Auflage 2024

Inhalt: Maika Schmidt
Coverbild: © proslgn – AdobeStock.com
Redaktion: Kohl-Verlag
Grafik & Satz: Kohl-Verlag
Druck: Druckerei Flock, Köln

Bestell-Nr. 13 120

ISBN: 978-3-98841-191-4

Bildquellen – © AdobeStock.com:
S. 2: © Africa Studio; S. 4-6: © Happypictures, pyty, daboost, Diana Taliun, Zubada, Mateusz, Demian; S. 7: © Mateusz, mhatzapa, prehistorik, Saramix, enra; S. 8: © Mateusz, ppohudka, Jim, prehistorik; S. 9: © Mateusz, ppohudka; S. 10: © Mateusz, Viktor, He2; S. 11: © Mateusz, ellyson, mayalis, Anna, Katerina, He2; S. 12: © Mateusz, ellyson, mayalis, Katerina; S. 13: © Mateusz, A.Jedynak, pyty; S. 14: © Mateusz, nejdetduzen, A.Jedynak, Antonio Gravante, pyty; S. 15: © Mateusz, nejdetduzen, Antonio Gravante, pyty; S. 16: © Dalia, pyty, Kayihan, mirkomedia; S. 17: © Dalia, pyty, hadeev, mirkomedia; S. 18: © Dalia, pyty, zatelepina; S. 19: © Dalia, abbydesign, thingamajiggs, Sergii Pavlovskyi, denis08131, YummyBuum, iuneWind, Warida.lnnl; S. 20: © Dalia, abbydesign, thingamajiggs, Sergii Pavlovskyi, denis08131, David Angkawijaya, YummyBuum, iuneWind, miobuono, Warida.lnnl; S. 21: © Dalia, abbydesign, thingamajiggs, Sergii Pavlovskyi, denis08131, David Angkawijaya, YummyBuum, Warida.lnnl; S. 22: © Dalia, Dawid, pyty, iuneWind; S. 23: © Dalia, ii-graphics_ne, Dawid, pyty, iuneWind; S. 24: © Dalia, ii-graphics_ne, Dawid, pyty; S. 25: © Dalia, pyty, PX Media, xmyrxn; S. 26: © Dalia, sanzios, RS Foto, pyty, Kavalenkava, PX Media; S. 27: © Dalia, sanzios, pyty, Kavalenkava; S. 28: © Dalia, omnipotent, Matteo Gabrieli, D'Action Images, pyty, daboost; S. 29: © Dalia, hansenn, Art Media Factory, D'Action Images, pyty, daboost; S. 30: © Dalia, D'Action Images, pyty; S. 31: © kravtzov, miobuono, mayalis, sanzios, Dawid, nejdetduzen, Happypictures, David Angkawijaya; S. 33: © javarman, Yeti Studio, Armando Oliveira, D'Action Images, Kavalenkava, Kayihan, Antonio Gravante, ppohudka, Demian; S. 35: © daboost, PX Media, iuneWind, mirkomedia, He2, prehistorik; S. 32+34+36: © photoraidz;

Der vorliegende Band ist eine Print-Einzellizenz

Sie wollen unsere Kopiervorlagen auch digital nutzen? Kein Problem – fast das gesamte KOHL-Sortiment ist auch sofort als PDF-Download erhältlich! Wir haben verschiedene Lizenzmodelle zur Auswahl:

	Print-Version	PDF-Einzellizenz	PDF-Schullizenz	Kombipaket Print & PDF-Einzellizenz	Kombipaket Print & PDF-Schullizenz
Unbefristete Nutzung der Materialien	x	x	x	x	x
Vervielfältigung, Weitergabe und Einsatz der Materialien im eigenen Unterricht	x	x	x	x	x
Nutzung der Materialien durch alle Lehrkräfte des Kollegiums an der lizenzierten Schule			x		x
Einstellen des Materials im Intranet oder Schulserver der Institution			x		x

Die erweiterten Lizenzmodelle zu diesem Titel sind jederzeit im Online-Shop unter www.kohlverlag.de erhältlich.

Inhalt

Vorwort

Liebe Kolleginnen und Kollegen,

Alle Schüler haben das gleiche Recht auf Bildung, ungeachtet ihrer Stärken und Schwächen. Das gehört zu den Kernanliegen der Inklusion und den Zielen der UN-Behindertenrechtskonvention, die seit 2009 in Deutschland gilt. Doch die Umsetzung der Inklusion fällt oft nicht leicht bzw. viele Lehrkräfte fühlen sich damit überfordert.

Passende Lehrmaterialien sind unter anderem eine entscheidende Voraussetzung für eine gelungene Inklusion bzw. um erfolgreich in der Schule lernen und lehren zu können. Mit unseren Arbeitsmaterialien möchten wir den Lehrkräften beim Beibringen des Lernstoffs für Inklusionskinder Hilfe leisten.

Die Materialien und Aufgaben dieses Heftes wurden so zusammengestellt, dass auch für Inklusionskinder ein intensives Üben des jeweiligen Themas möglich ist und so Lernziele erreicht werden können. Jedes Kind mit seinen besonderen Bedürfnissen bekommt einen Einblick in das Thema. Dabei wird folgendes Unterrichtskonzept eingehalten: Jedes Thema ist in drei Niveaustufen aufbereitet. Die Ampel deutet die Niveaustufen an: von 1 (grundlegendes Niveau) bis 3 (inhaltlich selbst erfassendes Niveau). Alle Kinder erarbeiten das gleiche Thema, jeder entsprechend seinem eigenen Niveau bzw. Leistungen.

Viel Erfolg beim Einsatz unserer Kopiervorlagen im Unterricht wünschen Ihnen das Redaktionsteam des Kohl-Verlages und

Maika Schmidt

WIR ENTDECKEN SÜDEUROPA
... aus der Reihe: Inklusion KONKRET – Bestell-Nr. 13 120

Name: ______________________________

Klasse: ______________________________

Spanien

Aufgabe 1: Male die Flagge von Spanien mit den richtigen Farben aus. Das linke Bild hilft dir.

Aufgabe 2: Spanien ist bekannt für den Flamenco-Tanz. Zum Tanz gehört besondere Kleidung und Schuhe sowie Musikinstrumente und Fächer. Verbinde die gleichen Bilder zusammen.

WIR ENTDECKEN SÜDEUROPA

Name: ______________________________

Klasse: ______________________________

Spanien

Aufgabe 1: Male die Flagge von Spanien mit den richtigen Farben aus. Das linke Bild hilft dir.

Aufgabe 2: Finde das passende Satzende. Verbinde mit einer Linie.

1. Das Land Spanien ist für seinen lebhaften …		… allein oder auch mit einem Partner.
2. Zu Flamenco spielt man Gitarre …		… und singt Lieder.
3. Flamenco war früher ein Frauentanz. Heute tanzt man Flamenco …		… Flamenco-Tanz bekannt.
4. Hunderte Künstler kommen nach Spanien und …		… in Spanien zu heiß.
5. Flamenco-Feste finden nachts statt. Am Tag ist es …		… nehmen an Flamenco-Festen teil.

WIR ENTDECKEN SÜDEUROPA
… aus der Reihe: Inklusion KONKRET – Bestell-Nr. 13 120

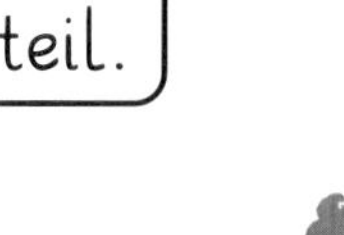

Name: ______________________________

Klasse: ______________________________

Spanien

Aufgabe 1: Male die Flagge von Spanien mit den richtigen Farben aus.
Male dazu von oben nach unten:
rot – gelb – rot

Aufgabe 2: Fülle die Lücken mit den passenden Wörtern aus dem grauen Kasten unten.

1. Das Land Spanien ist für seinen ______________________ Flamenco-Tanz bekannt.
2. Zu Flamenco spielt man Gitarre und singt ____________________.
3. Flamenco war früher ein Frauentanz. Heute tanzt man Flamenco allein oder mit einem ______________________.
4. Hunderte Künstler kommen nach ______________________ und nehmen an Flamenco-Festen teil.
5. Flamenco-Feste finden nachts statt. Am Tag ist es meist zu ____________.
6. Beim Flamenco -Tanz tragen die Frauen meist bodenlange weite ____________________ mit Rüschen.

Spanien – Röcke – lebhaften – heiß – Lieder – Partner

KOHL VERLAG Lernen mit Erfolg
WIR ENTDECKEN SÜDEUROPA
aus der Reihe: Inklusion KONKRET – Bestell-Nr. 12 120

Name: ______________________________

Klasse: ______________________________

Portugal

Aufgabe 1: Male die Flagge von Portugal mit den richtigen Farben aus. Das linke Bild hilft dir.

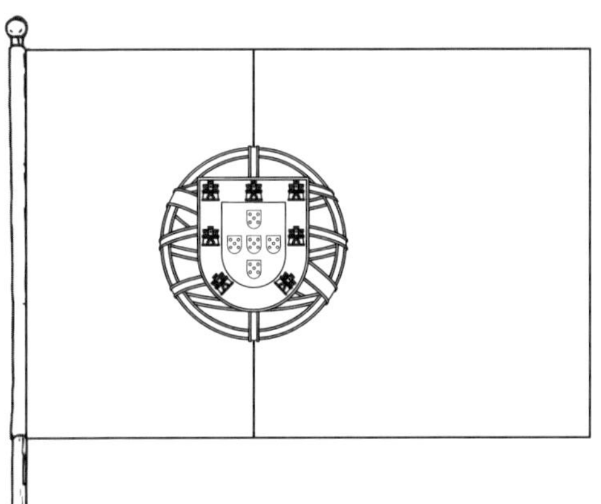

Aufgabe 2: Portugal ist Heimatland von Cristiano Ronaldo. Er ist einer der besten Fußballspieler der Welt. Verbinde alles, was zum Fußball gehört, mit dem Bild von Cristiano Ronaldo. Ziehe die Linien mit dem Stift.

WIR ENTDECKEN SÜDEUROPA
... aus der Reihe: Inklusion KONKRET – Bestell-Nr. 13 120
KOHL VERLAG

Name: ___________________________

Klasse: ___________________________

Portugal

Aufgabe 1: Male die Flagge von Portugal mit den richtigen Farben aus. Das linke Bild hilft dir.

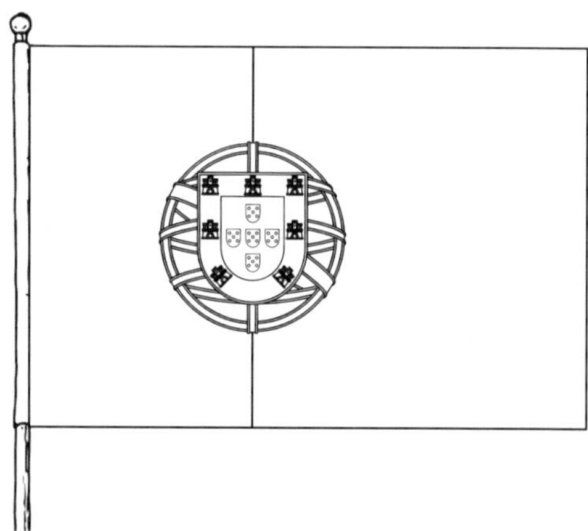

Aufgabe 2: Verbinde richtig.

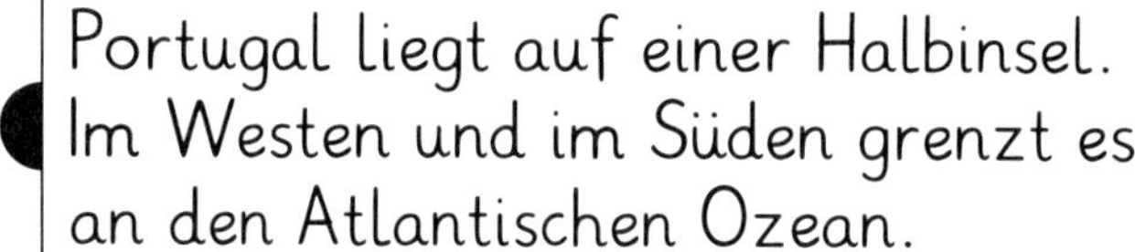

Portugal liegt auf einer Halbinsel. Im Westen und im Süden grenzt es an den Atlantischen Ozean.

Portugal ist das Heimatland eines weltbekannten Fußballspielers. Sein Name ist Cristiano Ronaldo. Er ist bekannt dafür, viele Tore zu schießen.

Christiano Ronaldo wurde 1985 auf Madeira geboren. Das ist eine Insel im Atlantischen Ozean, die zu Portugal gehört. Man nennt Madeira auch die „Blumeninsel".

WIR ENTDECKEN SÜDEUROPA
KOHL VERLAG

Name: ______________________________

Klasse: ______________________________

Portugal

Aufgabe 1: Male die Flagge von Portugal mit den richtigen Farben aus. Male dazu die Streifen von links nach rechts: **grün – rot**.

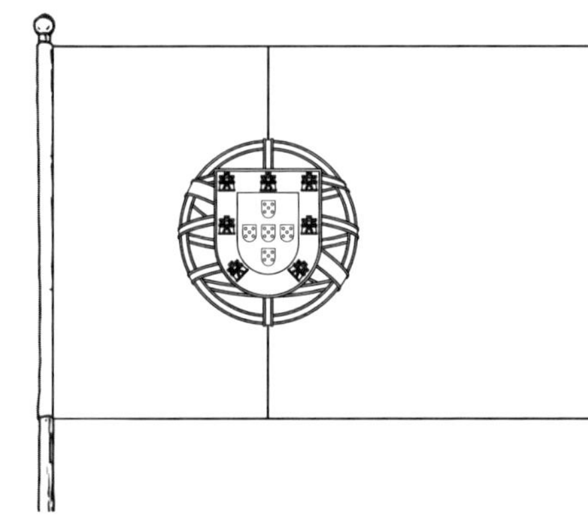

Aufgabe 2: Fülle die Lücken mit den passenden Wörtern aus dem grauen Kasten unten.

Portugal liegt auf einer Halbinsel. Im Westen und im Süden grenzt es an den Atlantischen ______________________. Portugal ist

Heimatland eines weltbekannten Fußballspielers, Cristiano Ronaldo. Er ist bekannt dafür, viele Tore zu ______________________. Christiano Ronaldo ist 1985 auf

Madeira geboren. Es ist eine ______________ im Atlantischen Ozean, die zu Portugal gehört. Man nennt Madeira auch die „Blumeninsel". Das Klima dort ist sehr mild und passt ideal für ______________________ und Blumengewächse.

Ozean – schießen – Insel – Blumen

WIR ENTDECKEN SÜDEUROPA
... aus der Reihe: Inklusion KONKRET – Bestell-Nr. 13 120
KOHL VERLAG

Name: ______________________________

Klasse: ______________________________

Italien

Aufgabe 1: Male die Flagge von Italien mit den richtigen Farben aus. Das linke Bild hilft dir.

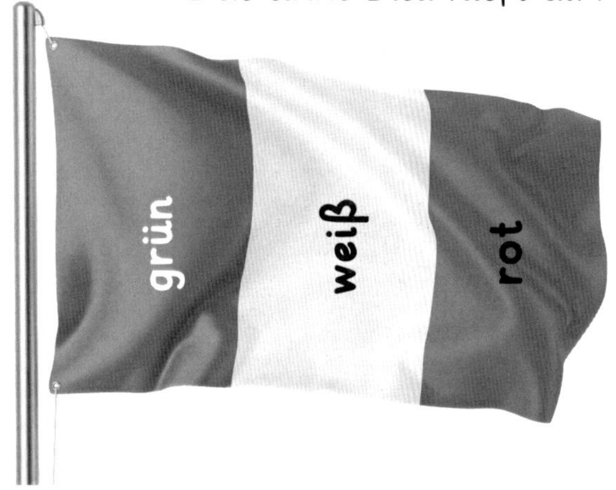

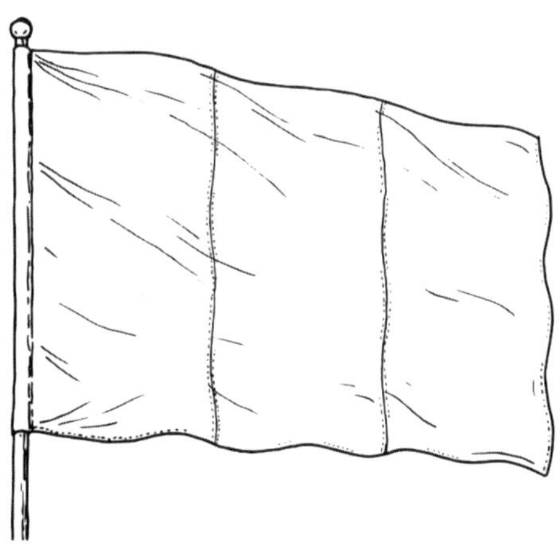

Aufgabe 2: Italien ist ein Staat im Süden Europas. Es liegt auf einer Halbinsel. Sie hat die Form eines Stiefels. Male die Halbinsel in den Farben der italienischen Flagge (grün, weiß, rot).

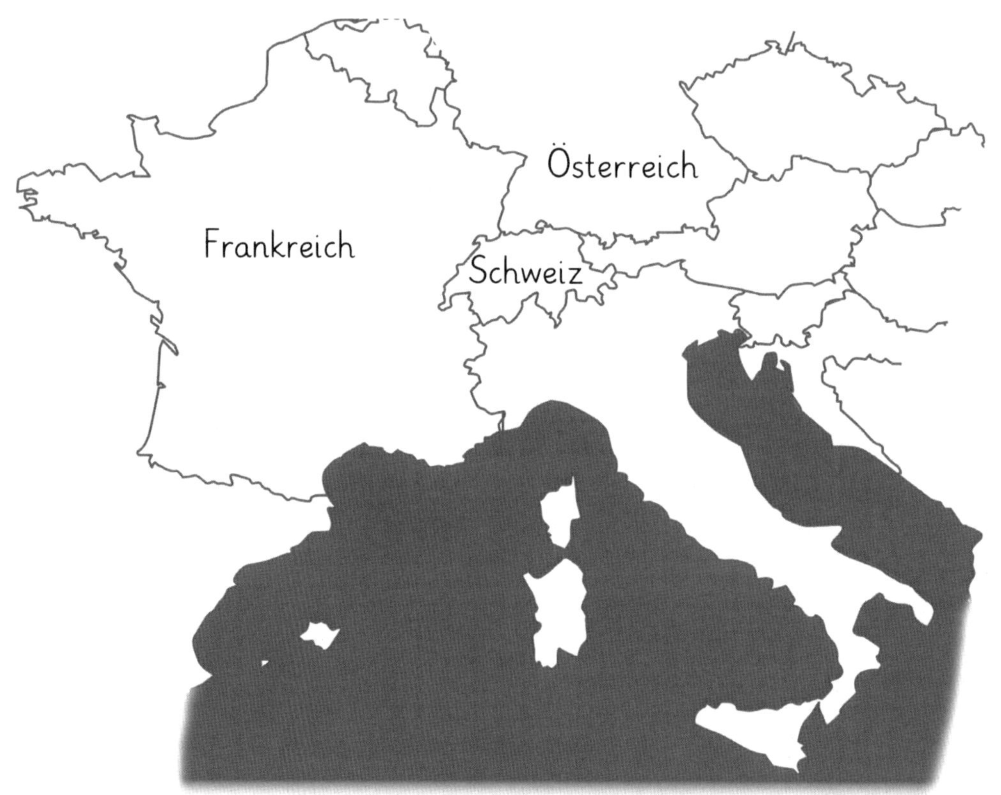

WIR ENTDECKEN SÜDEUROPA
... aus der Reihe: Inklusion KONKRET – Bestell-Nr. 13 120
KOHL VERLAG

Name: ______________________________

Klasse: ______________________________

2

Italien

Aufgabe 1: Male die Flagge von Italien mit den richtigen Farben aus. Das linke Bild hilft dir.

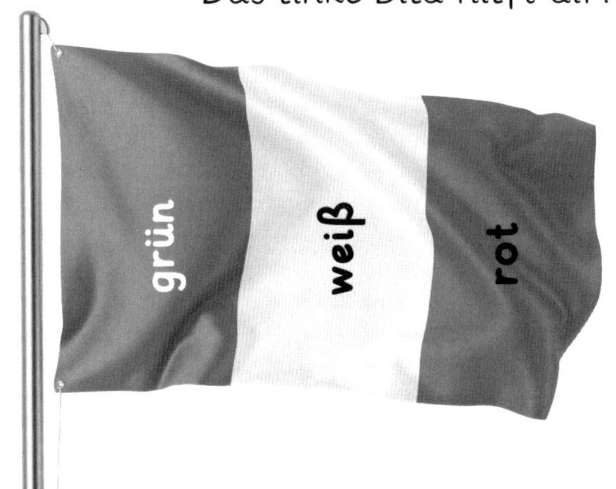

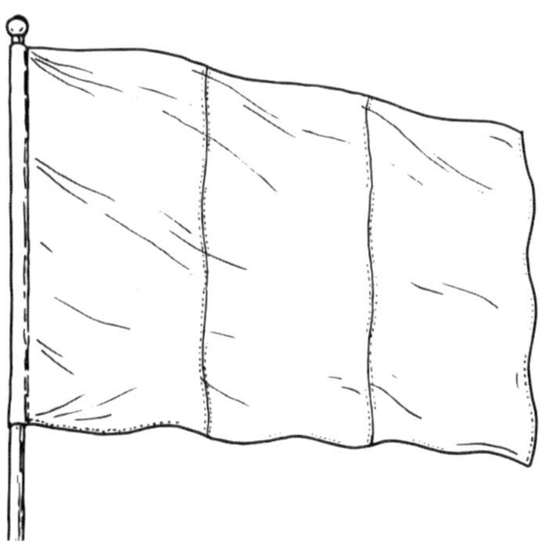

Aufgabe 2: Lies die Sätze. Schneide die Bilder aus und klebe sie passend ein.

Italien ist für seine Küche bekannt.

Die berühmteste italienische Spezialität ist [Pizza]

Herzhafte Lasagne, [Spaghetti Bolognese] sowie der Nachtisch [Tiramisu]

kommen auch aus Italien.

Italiener lieben [Eiscreme] und machen davon viele leckere Sorten.

WIR ENTDECKEN SÜDEUROPA
... aus der Reihe: Inklusion KONKRET – Bestell-Nr. 13 120
KOHL VERLAG

Name: ______________________________

Klasse: ______________________________

3

Italien

Aufgabe 1: Male die Flagge von Italien mit den richtigen Farben aus.
Male dazu von links nach rechts:
grün – weiß – rot

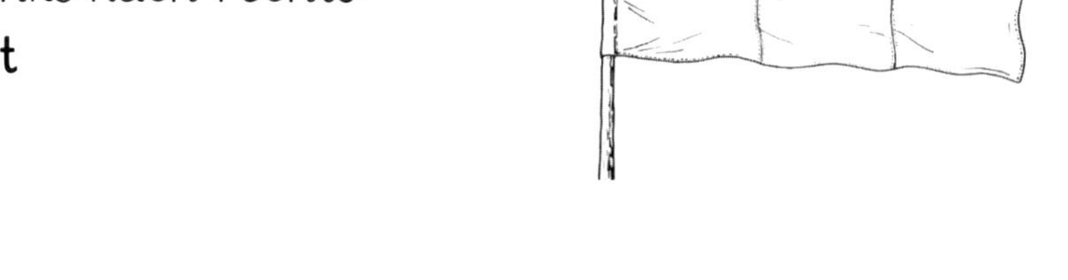

Aufgabe 2: Fülle die Lücken mit den passenden Wörtern aus dem grauen Kasten unten.

Italiens Küche ist weltweit bekannt und beliebt.
Italienische Teigwaren wie Pizza, Tortellini, Pasta und

Spaghetti Bolognese essen viele gern. Beliebt sind auch süße Speisen, wie zum Beispiel Tiramisu und Panna Cotta.
Die Italiener essen gerne Eis. Es gibt sehr viele Sorten Eis in Italien. Zu den beliebtesten Eissorten gehören Stracciatella und Erdbeereis.

Italien ist durch seine ______________ berühmt.

Zu den beliebten italienischen ________________ aus Teig gehören Tortellinis und Pizza. Nachtischspeisen wie ______________ und Panna Cotta sind weltbekannt. In ______________ isst man gern Eis. Da gibt es mehrere Sorten von Eis. Eissorten wie ____________________ und Erdbeereis essen viele gerne.

Küche – Tiramisu – Stracciatella – Italien – Gerichten

WIR ENTDECKEN SÜDEUROPA ... aus der Reihe: Inklusion KONKRET – Bestell-Nr. 13 120
KOHL VERLAG

Name: ______________________________

Klasse: ______________________________

Griechenland

Aufgabe 1: Male die Flagge von Griechenland mit den richtigen Farben aus. Das linke Bild hilft dir.

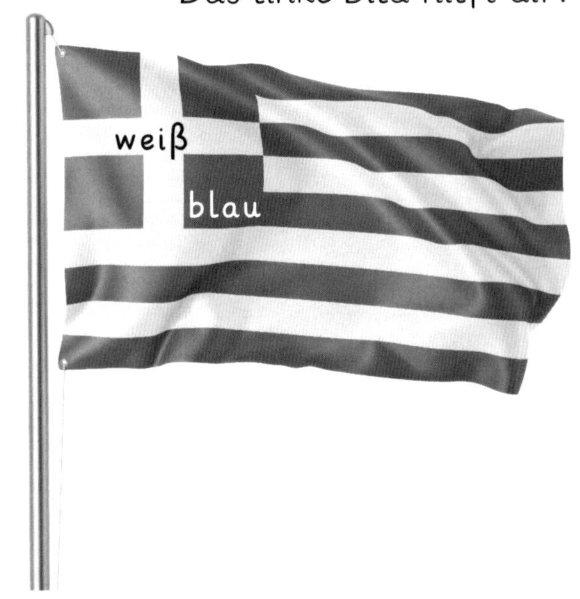

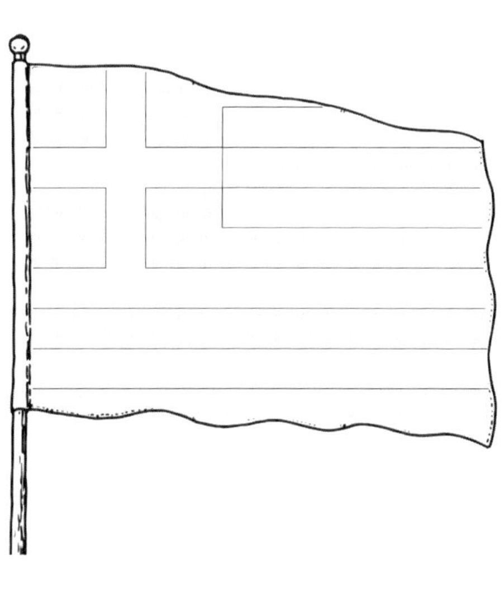

Aufgabe 2: Das ist ein Bild aus Griechenland. Welche Wörter passen dazu? Klebe die passenden Wörter in das freie Feld ein.

Fluss

Berg

Meer

Zug

steil

Kirche

WIR ENTDECKEN SÜDEUROPA
... aus der Reihe: Inklusion KONKRET – Bestell-Nr. 13 120
KOHL VERLAG

Name: ______________________________

Klasse: ______________________________

Griechenland

Aufgabe 1: Male die Flagge von Griechenland mit den richtigen Farben aus. Das linke Bild hilft dir.

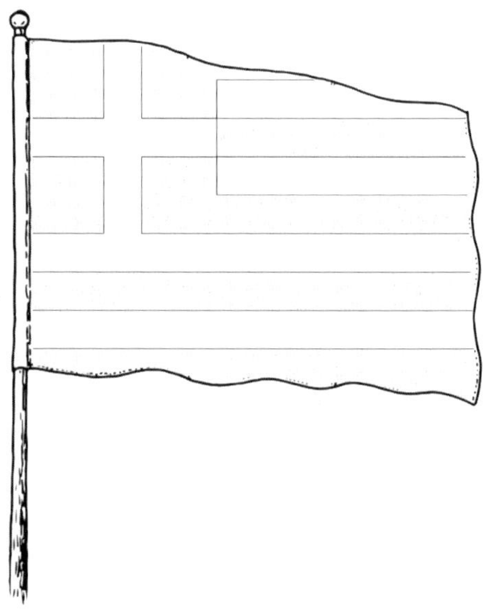

Aufgabe 2: Verbinde richtig.

Griechenland liegt am Mittelmeer. Es gibt dort viele schöne Küsten.

Die Häuser in Griechenland sind meist weiß. Die Türen und Fenster sind oft blau. Weiß und Blau sind die Nationalfarben Griechenlands.

Fast alle Griechen sind orthodoxe Christen.
Es gibt viele Kirchen und Klöster in Griechenland.

WIR ENTDECKEN SÜDEUROPA – Bestell-Nr. 13 120
... aus der Reihe: Inklusion KONKRET
KOHL VERLAG

Name: ______________________

Klasse: ______________________

Griechenland

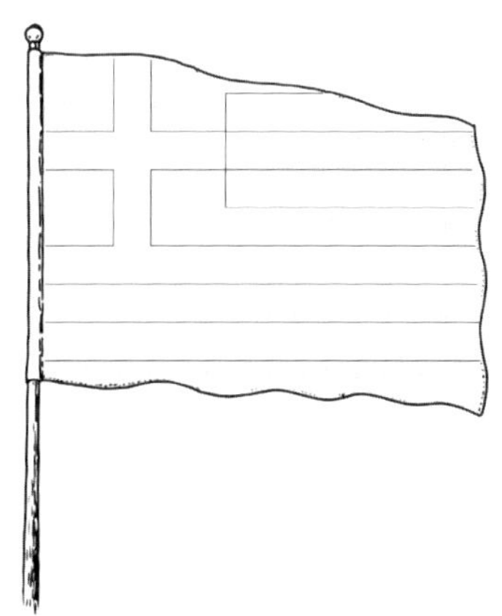

Aufgabe 1: Male die Flagge von Griechenland mit den richtigen Farben aus. Male dazu die grau hinterlegten Teile mit blauem Stift an. Der Rest bleibt weiß.

Aufgabe 2: Lies den Text und fülle die Lücken mit passenden Wörtern aus dem grauen Kasten unten.

Griechenland liegt im Südosten Europas.
Zu Griechenland gehören viele Inseln im Mittelmeer.
Die meisten Häuser in Griechenland sind weiß.

Ihre Türen und Fenster sind oft blau. Weiß

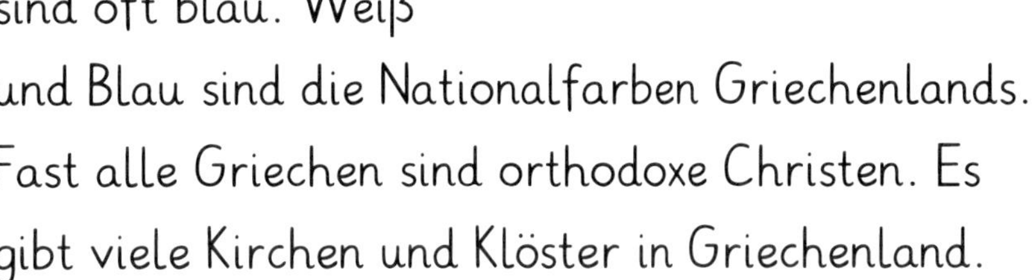

und Blau sind die Nationalfarben Griechenlands.
Fast alle Griechen sind orthodoxe Christen. Es gibt viele Kirchen und Klöster in Griechenland.

Griechenland liegt im Südosten des ______________________.

Viele ______________ im Mittelmeer gehören zu Griechenland.

Die Häuser in Griechenland haben meist diese Farbe: ______________

Fast alle Griechen haben diese Religion: ______________________.

Mittelmeeres – weiß – Christentum – Inseln

KOHL VERLAG
WIR ENTDECKEN SÜDEUROPA
... aus der Reihe: Inklusion KONKRET – Bestell-Nr. 13 120

Name: 

Klasse:

Türkei

Aufgabe 1: Male die Flagge der Türkei mit den richtigen Farben aus. Das linke Bild hilft dir.

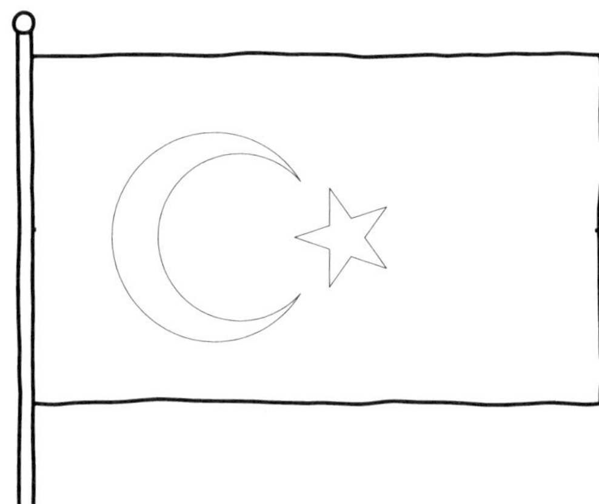

Aufgabe 2: Vier Meere umgeben die Türkei. Auf dem Bild unten siehst du die Küste am Ägäischen Meer. Einige Teile fehlen. Schneide die Teile aus und klebe sie an den richtigen Stellen ein.

WIR ENTDECKEN SÜDEUROPA
... aus der Reihe: Inklusion KONKRET – Bestell-Nr. 13 120
KOHL VERLAG

Name: ______________________________

Klasse: ______________________________

Türkei

Aufgabe 1: Male die Flagge der Türkei mit den richtigen Farben aus. Das linke Bild hilft dir.

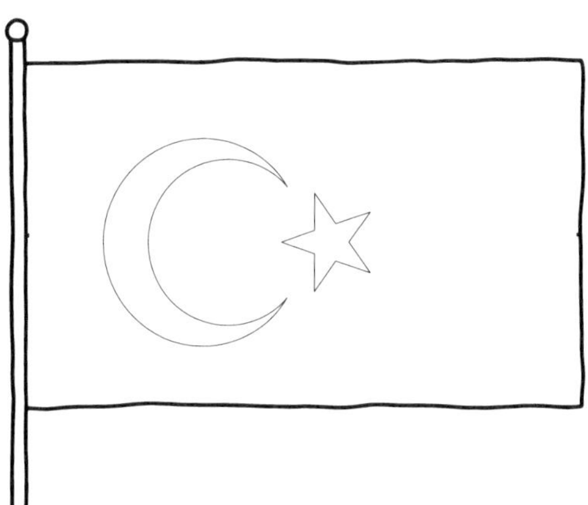

Aufgabe 2: Bei jedem Satz fehlt ein Ende. Schneide die Satzenden aus und klebe sie passend ein.

Die Türkei ist das
Die Türkei grenzt an vier
Die Türkei liegt zugleich in Europa und
Die Türkei ist zweimal größer als

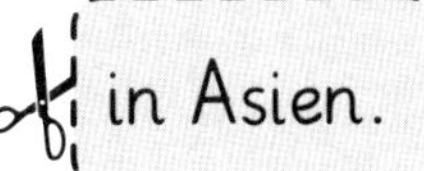

Deutschland.

Land der Meere.

Meere.

WIR ENTDECKEN SÜDEUROPA
... aus der Reihe: Inklusion KONKRET – Bestell-Nr. 13 120
KOHL VERLAG

Name: ______________________________

Klasse: ______________________________

Türkei

Aufgabe 1: Male die Flagge der Türkei mit den richtigen Farben aus. Dazu malst du die ganze Flagge rot aus, aber den Mond und den Stern lässt du aus.

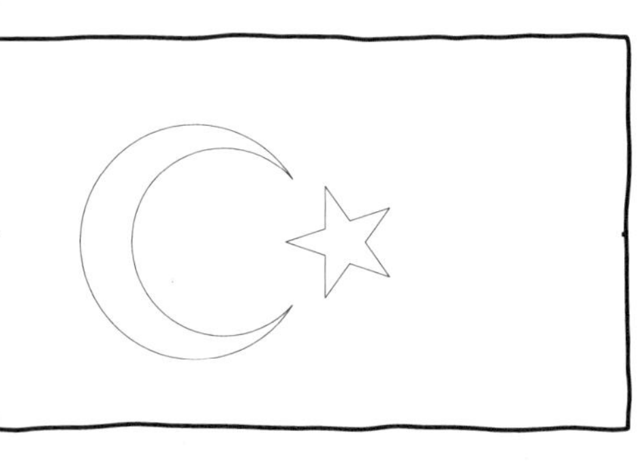

Aufgabe 2: Lies den Text und fülle die Lücken mit den passenden Wörtern aus dem grauen Kasten unten.

Die Türkei ist das Land der Meere.

Sie grenzt insgesamt an vier ________________ : das Mittelmeer, das Ägäische Meer, das Marmarmeer und das ________________________.

Die Türkei gehört zu den zwei Kontinenten: zu Europa und zu ________________. Der größte Teil liegt in Asien. Türkei ist etwa zweimal so groß wie ________________________, hat aber viel weniger Einwohner.

Schwarze Meer – Deutschland – Asien – Meere

WIR ENTDECKEN SÜDEUROPA
... aus der Reihe: Inklusion KONKRET – Bestell-Nr. 13 120
KOHL VERLAG

Name: 

Klasse:

Malta

Aufgabe 1: Male die Flagge von Malta mit den richtigen Farben aus. Das linke Bild hilft dir.

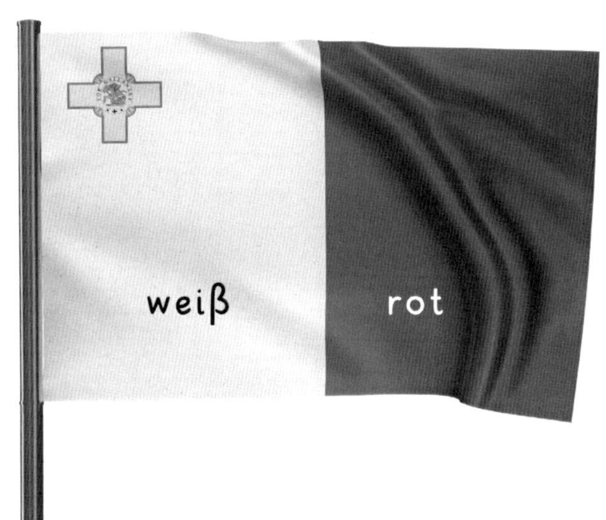

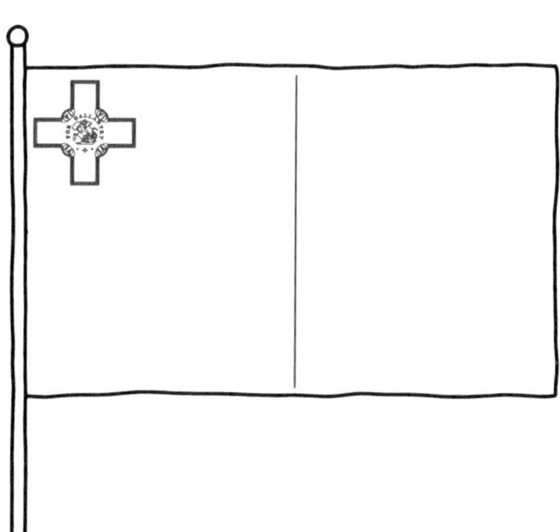

Aufgabe 2: In Malta leben keine großen Wildtiere. Die größten sind Igel, Kaninchen, Wiesel, Eidechsen und Schlangen. Verbinde die gleichen Tiere.

WIR ENTDECKEN SÜDEUROPA
... aus der Reihe: Inklusion KONKRET – Bestell-Nr. 13 120

Name: ______________________

Klasse: ______________________

Malta

Aufgabe 1: Male die Flagge von Malta mit den richtigen Farben aus. Das linke Bild hilft dir.

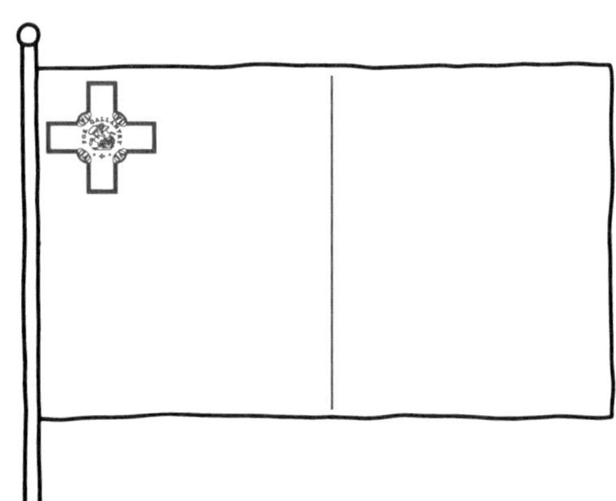

Aufgabe 2: Lies die Texte und verbinde sie mit den passenden Bildern.

Malta ist ein Inselstaat. Er liegt zwischen Europa und Afrika.

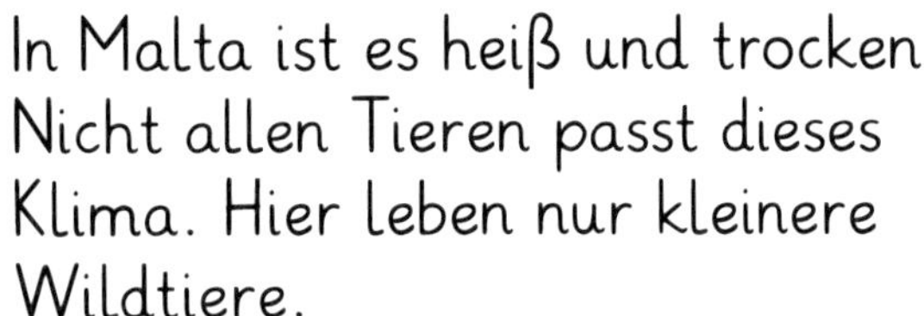
In Malta ist es heiß und trocken. Nicht allen Tieren passt dieses Klima. Hier leben nur kleinere Wildtiere.

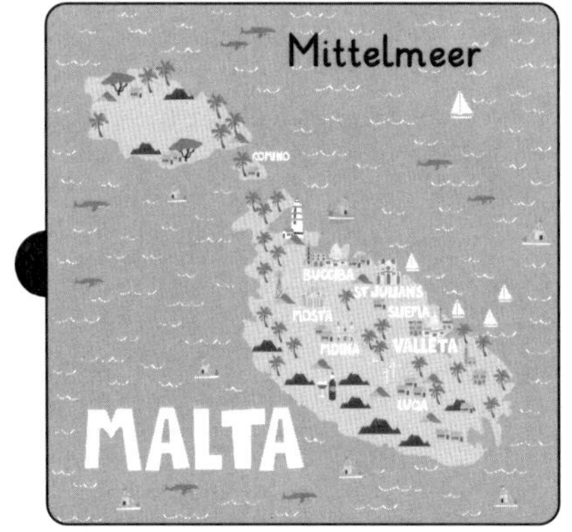

Malta ist Rastplatz für Zugvögel auf ihrem Weg von Europa nach Afrika.

WIR ENTDECKEN SÜDEUROPA
... aus der Reihe: Inklusion KONKRET – Bestell-Nr. 13 120
KOHL VERLAG

Name: ______________________________

Klasse: ______________________________

3

Malta

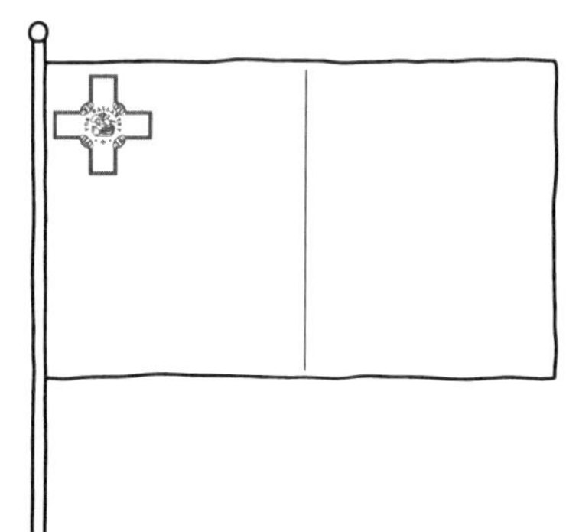

Aufgabe 1: Male die Flagge von Malta mit den richtigen Farben aus. Male dazu von links nach rechts: **weiß – rot**

Aufgabe 2: Lies den Text. Kreuze unten an, was richtig ist.

Malta liegt zwischen Europa und Afrika. Es ist ein Inselstaat. Zu Malta gehören drei bewohnte Inseln und einige unbewohnte. Hier ist es heiß und trocken. Darum gibt es hier keine großen Bäume und keine großen Tiere. Zu den größten Wildtieren gehören Kaninchen, Wiesel und Igel. Auf Malta leben Vögel wie Schwalben, Finken und Drosseln. Malta gilt als Zwischenstopp für Zugvögel auf ihrem Weg zwischen Europa und Afrika.

	ja	nein
Malta liegt zwischen Europa und Arktis.		
In Malta ist es heiß und trocken.		
Igel und Kaninchen gehören zu den größten Wildtieren Maltas.		
Malta ist ein Rastplatz für Zugvögel.		

WIR ENTDECKEN SÜDEUROPA
... aus der Reihe: Inklusion KONKRET – Bestell-Nr. 13 120
KOHL VERLAG

Name: ______________________________

Klasse: ______________________________

1

Andorra

Aufgabe 1: Male die Flagge von Andorra mit den richtigen Farben aus. Das linke Bild hilft dir.

Aufgabe 2: Das ist ein Bild aus Andorra. Welche Wörter passen dazu? Verbinde die passenden Wörter mit dem Bild.

Berge

Touristen

Skipiste

schwimmen

hoch

Fußball

Skifahren

Spaß

WIR ENTDECKEN SÜDEUROPA ... aus der Reihe: Inklusion KONKRET – Bestell-Nr. 13 120
KOHL VERLAG

Name: ______________________________

Klasse: ______________________________

Andorra

Aufgabe 1: Male die Flagge von Andorra mit den richtigen Farben aus. Das linke Bild hilft dir.

Aufgabe 2: Verbinde die Sätze mit den passenden Bildern.

Die Hauptstadt von Andorra heißt Andorra la Vella. Sie ist die am höchsten gelegene Hauptstadt Europas.

Touristen kommen nach Andorra um Wintersport zu treiben.

Andorra ist ein sehr kleiner Staat zwischen Spanien und Frankreich.

WIR ENTDECKEN SÜDEUROPA
... aus der Reihe: Inklusion KONKRET – Bestell-Nr. 13 120
KOHL VERLAG

Name: ______________________________

Klasse: ______________________________

Andorra

Aufgabe 1: Male die Flagge von Andorra mit den richtigen Farben aus.
Male dazu von links nach rechts:
blau – gelb – rot

Aufgabe 2: Lies die Sätze und fülle die Lücken mit den passenden Wörtern aus dem grauen Kasten unten.

Andorra liegt in den Bergen zwischen Spanien und ______________________.

Andorra gehört zu den Zwergstaaten: es ist sehr ______________________.

Die Hauptstadt von ______________________ heißt Andorra la Vella.

Diese Stadt ist die am höchsten gelegene ______________________ Europas.

Viele Touristen kommen nach Andorra um Wintersport zu ______________________.

treiben – Andorra – Frankreich – Hauptstadt – klein

WIR ENTDECKEN SÜDEUROPA
... aus der Reihe: Inklusion KONKRET – Bestell-Nr. 13 120
KOHL VERLAG

Name: ________________________________

Klasse: ________________________________

San Marino

Aufgabe 1: Male die Flagge von San Marino mit den richtigen Farben aus. Das linke Bild hilft dir.

Aufgabe 2: Der Zwergstaat San Marino liegt in einer hügeligen Gegend. Der höchste Berg ist der Titano. Bei diesem Bild des Berges Titano fehlen drei Teile. Schneide sie aus und klebe an die richtigen Stellen an.

Name: ______________________________

Klasse: ______________________________

San Marino

Aufgabe 1: Male die Flagge von San Marino mit den richtigen Farben aus. Das linke Bild hilft dir.

Aufgabe 2: Was gehört zusammen?
Verbinde die passenden Texte und Bilder.

San Marino liegt innerhalb von Italien. Hier gibt es viele, mit Wald bedeckten, Hügeln.

Der Mittelpunkt San Marinos ist der Berg Titano, der knapp 740 hoch. Oben am Rand des Titanos ist eine Burg. Sie ist über 1000 Jahre alt.

Über 2 Millionen Touristen kommen nach San Marino im Jahr. Viele fahren mit dem Rad oder wandern in den hügeligen Landschaften San Marinos.

WIR ENTDECKEN SÜDEUROPA
... aus der Reihe: Inklusion KONKRET – Bestell-Nr. 13 120
KOHL VERLAG

Name: ______________________________

Klasse: ______________________________

3

San Marino

Aufgabe 1: Male die Flagge von San Marino mit den richtigen Farben aus. Male dazu von oben nach unten: **weiß – hellblau**

Aufgabe 2: Lies den Text und setze die passenden Wörter aus dem grauen Kasten in die Lücken ein.

San Marino ist ein Zwergstaat. Es ist klein und liegt innerhalb von Italien. Hier gibt es viele mit Wald bedeckte Hügeln. Der höchste Punkt San Marinos ist der Berg Titano. Oben am Gipfel des Titano ist eine Burg. Sie ist über 1000 Jahre alt. Über 2 Millionen Touristen kommen jedes Jahr nach San Marino. Viele von ihnen wandern durch die hügeligen Landschaften San Marinos.

San Marino ist ein ____________ Land. San Marino liegt innerhalb von ______________. Die Landschaft hier ist ______________. Der höchste Berg ist der ______________. Oben am Rand des Berges Titano gibt es eine alte ______________. Viele Touristen besuchen jedes Jahr __________________.

Titano – hügelig – Burg – San Marino – Italien – kleines

WIR ENTDECKEN SÜDEUROPA
... aus der Reihe: Inklusion KONKRET – Bestell-Nr. 13 120
KOHL VERLAG

Name: ___________________________

Klasse: ___________________________

Vatikanstadt

Aufgabe 1: Male die Flagge der Vatikanstadt mit den richtigen Farben aus. Das linke Bild hilft dir.

Aufgabe 2: Das sind Bilder aus dem Vatikan, dem kleinsten Staat der Welt. Ordne die Bilder den richtigen Texten zu.

◯ der Papst, das Oberhaupt des Vatikans

◯ die Kuppeln des Petersdoms im Vatikan

◯ die Schweizergarde am Petersdom

WIR ENTDECKEN SÜDEUROPA
aus der Reihe: Inklusion KONKRET – Bestell-Nr. 13 120
KOHL VERLAG

Name: ____________________

Klasse: ____________________

Vatikanstadt

Aufgabe 1: Male die Flagge der Vatikanstadt mit den richtigen Farben aus. Das linke Bild hilft dir.

Aufgabe 2: Verbinde die Bilder mit den passenden Sätzen.

Der Papst ist das Oberhaupt der römisch-katholischen Kirche. Er lebt im Vatikan und regiert diesem Stadtstaat.

Der Vatikan ist der kleinste Staat der Welt. Er hat aber eine der größten Kirchen der Welt, den Petersdom.

Den größten Teil der Fläche des Vatikans nehmen die vatikanischen Gärten ein.

WIR ENTDECKEN SÜDEUROPA
... aus der Reihe: Inklusion KONKRET – Bestell-Nr. 13 120

Name: ______________________________

Klasse: ______________________________

Vatikanstadt

Aufgabe 1: Male die Flagge der Vatikanstadt mit den richtigen Farben aus. Male dazu von links nach rechts:
gelb – weiß

Aufgabe 2: Lies den Text. Entscheide, ob die Aussagen unten richtig oder falsch sind.

Der Vatikan ist der kleinste Staat der Welt. Er ist so groß wie eine Kleinstadt. Der Vatikan liegt in Italien, in der Hauptstadt Rom. Den Vatikan regiert der Papst, das Oberhaupt der römisch-katholischen Kirche.

Im Vatikan steht eine der größten Kirchen der Welt, der Petersdom. Im Petersdom finden etwa 20.000 Menschen Platz. Den größten Teil der Fläche nehmen die vatikanischen Gärten ein.

	richtig	falsch
Der Vatikan ist ein großes Land.		
Der Papst regiert über den Vatikan.		
Der Petersdom im Vatikan ist eine große Kirche.		
Im Vatikan sind keine Gärten zu sehen.		

WIR ENTDECKEN SÜDEUROPA – Bestell-Nr. 13 120
aus der Reihe: Inklusion KONKRET
KOHL VERLAG

Memo-Spiel

Ziel: Die Schüler sollen durch das Memo-Spiel ihr Wissen über Südeuropa vertiefen.

Spielregeln:

Legen Sie alle Karten verdeckt auf den Tisch. Die Schüler drehen abwechselnd zwei Karten um. Wenn die Karten zueinander passen, darf der Schüler das Paar behalten und erneut zwei Karten umdrehen. Das Spiel endet, wenn alle Paare gefunden sind. Der Schüler mit den meisten Paaren gewinnt.

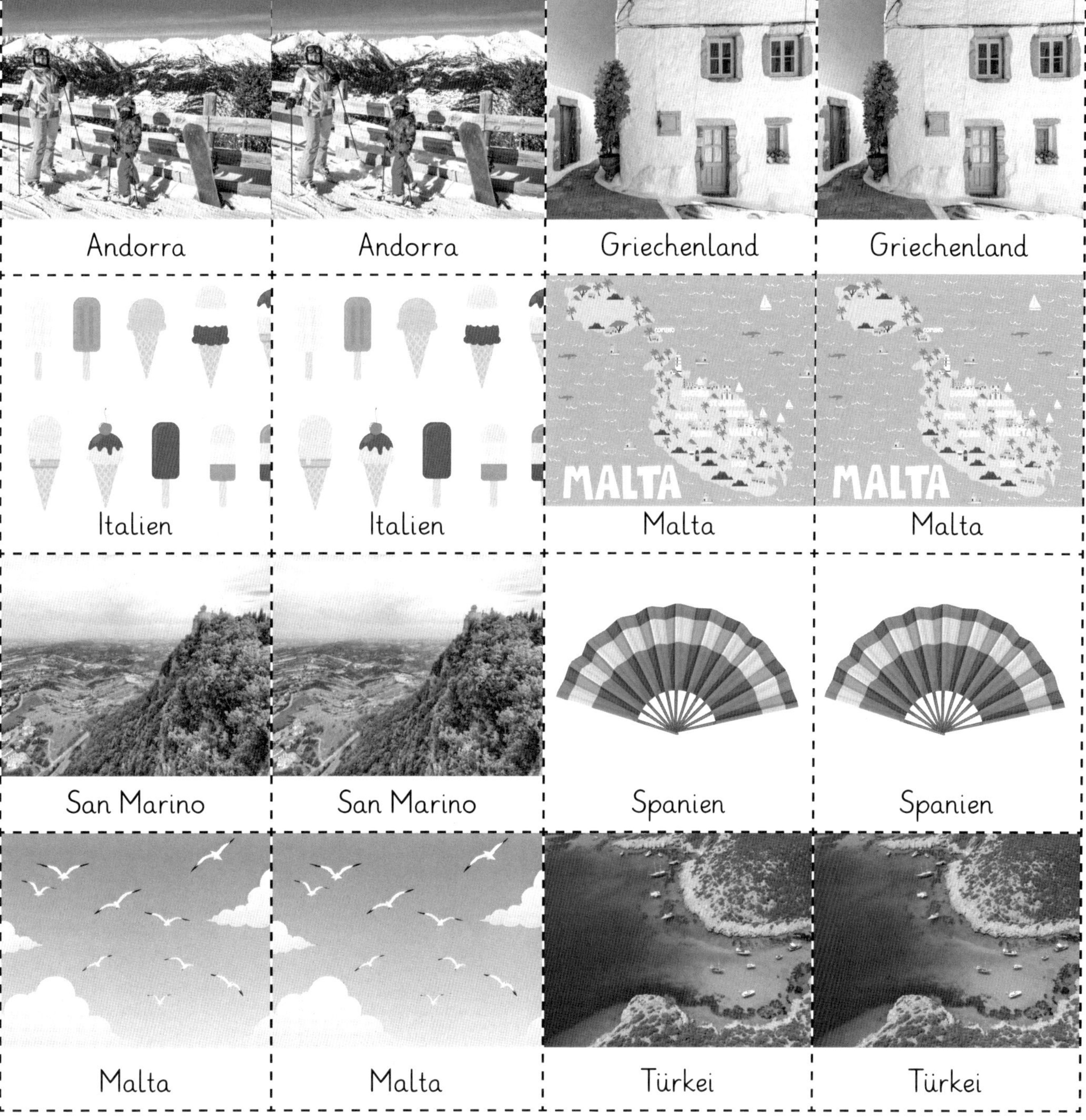

WIR ENTDECKEN SÜDEUROPA
... aus der Reihe: Inklusion KONKRET – Bestell-Nr. 13 120
KOHL VERLAG

Memo-Spiel

WIR ENTDECKEN SÜDEUROPA

Memo-Spiel

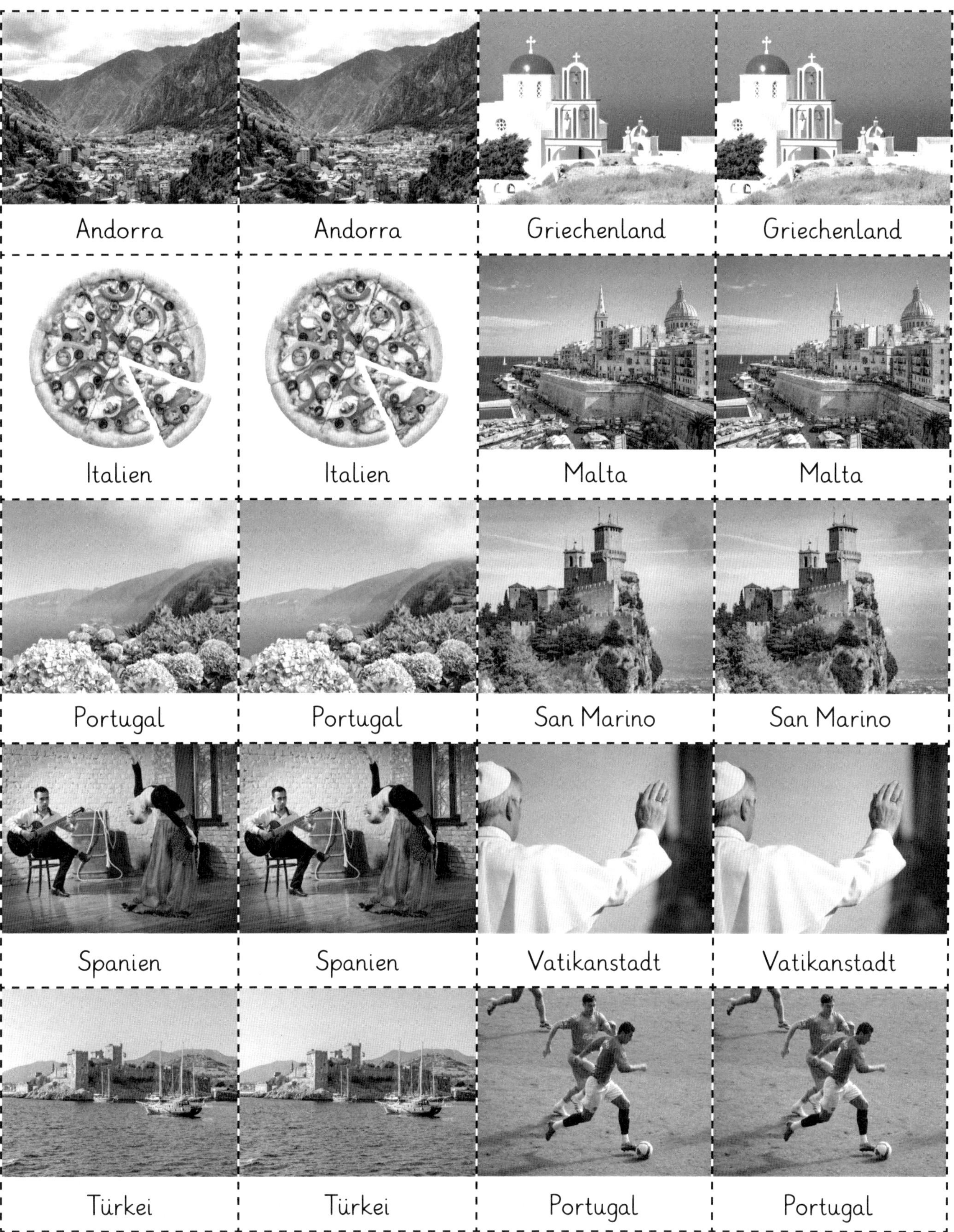

WIR ENTDECKEN SÜDEUROPA
... aus der Reihe: Inklusion KONKRET – Bestell-Nr. 13 120
KOHL VERLAG

Memo-Spiel

KOHL VERLAG Lernen mit Erfolg
WIR ENTDECKEN SÜDEUROPA
aus der Reihe: Inklusion KONKRET
Bestell-Nr. 13 120

Memo-Spiel

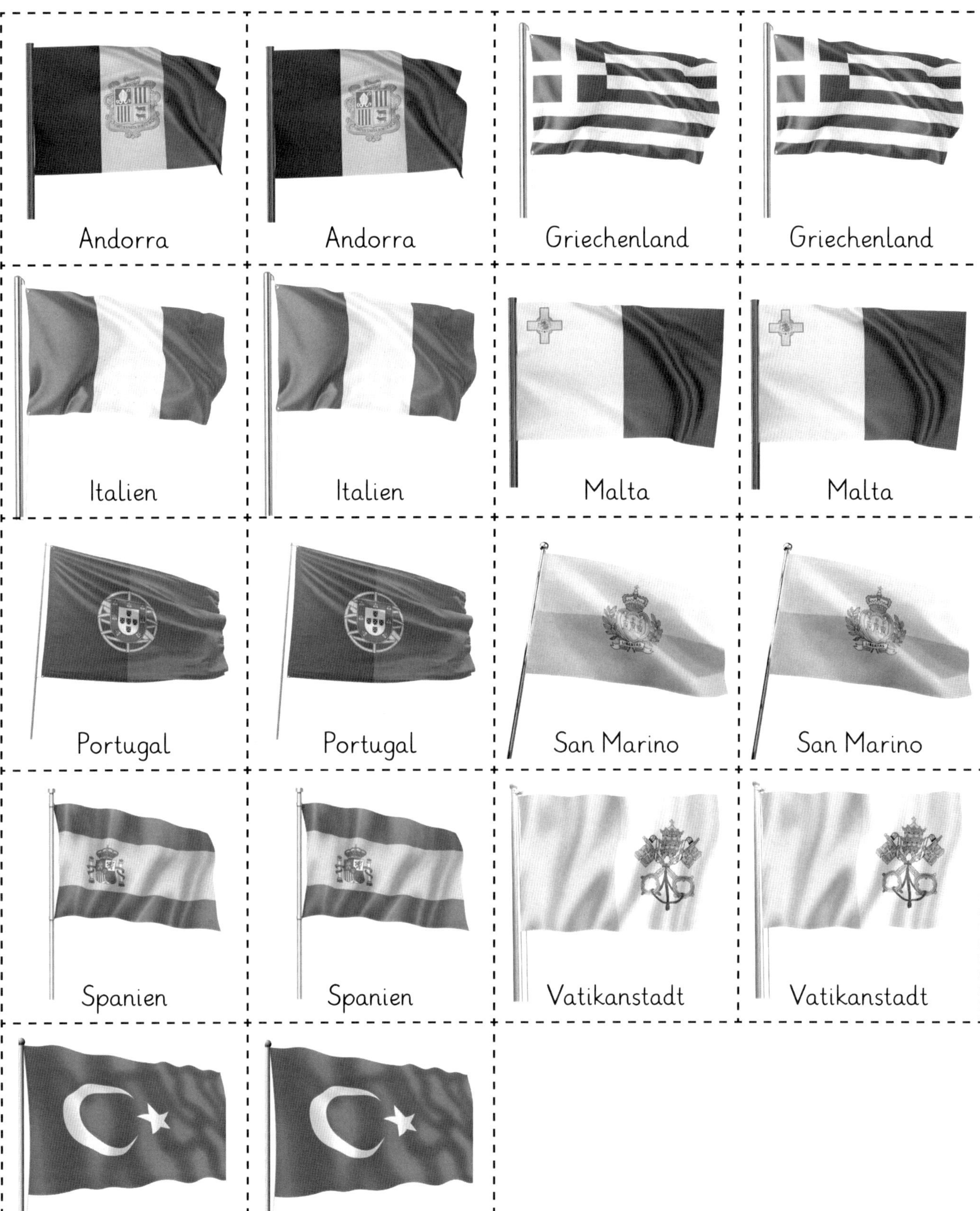

WIR ENTDECKEN SÜDEUROPA
... aus der Reihe: Inklusion KONKRET – Bestell-Nr. 13 120
KOHL VERLAG

Memo-Spiel

WIR ENTDECKEN SÜDEUROPA
Lernen mit Erfolg
KOHL VERLAG